Achtung nur ist der Freundschaft unfehlbares Band.

„Friedrich von Schiller (1759 - 1805)"

Für meine liebe Mama zur Erinnerung an ihre Freunde, ihre Schulzeit und an ihre Lehrzeit!

Bibliografische Information der Deutschen Nationalbibliothek. Die Deutsche Nationalbibliothek verzeichnet diese Publikation in der Deutschen Nationalbibliografie; detaillierte bibliografische Daten sind im Internet über http://dnb.d-nb.de abrufbar.

© 2018 Markus Wöhrer, 2560 Hernstein

Herstellung und Verlag: BoD – Books on Demand, Norderstedt.

www.bod.de

ISBN: 9783748167358

Die Gedichte, Verse und Zitate, die in diesem Buch geschrieben stehen, stammen allesamt aus dem Freundschaftsbuch meiner Mutter, der auch dieses Werk gewidmet ist.

Das erste Gedicht wurde im Jänner 1953 hineingeschrieben und das Letzte im Dezember 1959.

Zur Erklärung: Ein Freundschaftsbuch (auch Poesiealbum) ist ein Buch, in das Zitate in Form von Gedichten, Versen und Reimen eingetragen werden können.

1953 -1959

Schreib in den Sand, die
Dich betrüben – vergiss und
schlaf darüber ein; denn was
Du in den Sand
geschrieben, das wird schon
morgen nicht mehr sein.

Schreib in den Stein, was
Du erfahren, an Freud und
wandelbaren Glück; denn
der Stein nach langen
Jahren bringt die
Vergangenheit zurück.

Schreib in Dein Herz all
Deine Lieben – von Nord

und Süd, von Ost und
West, denn was Du in Dein
Herz geschrieben, das steht
für ewige Zeiten fest.

Die Tage sind Blätter nur
im Buche Deines Lebens.
Füll sie mit guten Taten aus
und Werken Deines
Strebens!

Der hat sein Leben am besten verbracht, der die meisten Menschen hat glücklich gemacht!

Hänge, an die große Glocke nicht, wenn man im Vertrauen zu Dir spricht.

Trübt sich Dein Lebenslauf,
blicke zum Himmel auf.
Menschen lass Menschen
sein, helfen kann Gott allein!

Hast Du gelernt, Dir
Kleines zu versagen, dann
wirst Du stark um Großes zu
ertragen.

Ein Kind zu sein ist
Sonnenschein, ein Mensch
zu werden ist Ziel auf Erden.

Willst Du in Deinem Leben,
Dich wahren Glückes
freuen, so musst Du Dich
bestreben - gut, wahr und
treu zu sein.

Tu alles nur mit Vorbedacht, führ alles mit Verstand. Was immer Dir begegnen mag, da nimm Geduld zur Hand.

Die beste Gesellschaft auf Schritt und Tritt ist ein gutes Gewissen: Nimm es überall mit!

Mach es wie die Sonnenuhr,
zähl die heiteren Stunden
nur!

Segle ruhig weiter, wenn der
Mast auch bricht. Gott ist
Dein Begleiter, er verlässt
Dich nicht!

Sei wie das Veilchen im Moos. Redlich, sittsam und rein. Nicht wie die stolze Rose, die immer bewundert, will sein!

Ich schreibe nicht lange ein zierliches Gedicht, sondern ganz einfach „Vergiss mein nicht"!

Ich schreibe mich aufs letzte
Blatt, weil ich Dich am
liebsten hab. Wer Dich
lieber hat als ich, der schreibt
sich hinter mich!

Fröhlicher Mut und ernstes
Streben soll Deinem Leben
die Richtung geben!

Erinnerung ist das einzige
Paradies, aus dem wir nicht
vertrieben werden können!

Säume nicht, träume nicht –
Wandle!

Klage nicht, frage nicht –
Handle!

Lass keinen Tag zu Ende
gehen, an dem nicht, eh der
Abend naht, ein frommes
Werk von Dir geschehen –
ein gutes Wort, eine gute
Tat.

Bist Du entzweit, versöhne
Dich, und lass nicht zu Ende
gehen, den Tag, der
unbenützt entwich.

Wer weiß, ob es nicht Dein
letzter ist!

So Du etwas bist, so bleibe ja nicht stehen, Du musst von einem Licht ins andere gehen!

Bleib stark und Dir treu und immer bescheiden; im Kreislauf des Lebens, bergauf und bergab. Mal jauchze in Freuden, mal schluchze in Leiden – bewahre Dir ein heiteres Gemüt bis zum Grab.

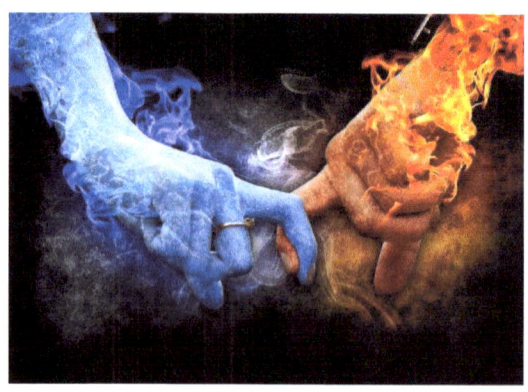

Glück zu haben ist
Schicksals Gunst.

Glücklich zu sein ist
Lebenskunst!

Man kann viel, wenn man sich
nur recht viel zutraut!

Einen trauen ist genug;
keinem trauen ist nicht klug –
doch ist es besser keinem zu
trauen, als auf gar zu viele zu
bauen.

Das fröhliche Herz allein ist
fähig, wohl gefallen am
Guten zu empfinden.

Nun, da sich die neuen Tage
aus dem Schutt der alten
bauen, kann ein ungetrübtes
Auge rückwärts blickend –
vorwärtsschauen.

Willst Du gleich die Früchte greifen?

Du hast doch eben erst gesät!

Lass sie werden, lass sie reifen: Früh ist Arbeit –
Ernte spät.

Hab Sonne im Herzen, ob
es stürmt oder schmerzt, ob
der Himmel voll Wolken, die
Erde voll Streit!

Hab Sonne im Herzen,
dann komme was mag!

Das leuchtet voll Licht Dir
den dunkelsten Tag!

Kind, in Deine Hand
gegeben ist der Griffel für
Tod und Leben. Kindlein,
wo du Dein Herz
einschreibst ~ bedenke, dass
Du für immer bleibst und
Deine Spur ist zu lesen ~
zum Wohl oder Weh für ein
anderes Wesen.

Freundschaft ist die
schönste Blume! Sie
verwelkt und verrostet nie.

Viele suchen sie zu finden,
aber wenig finden sie.

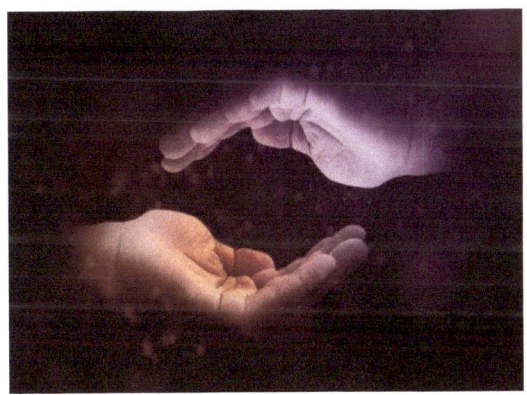

Wer strebt und schafft bleibt
jung an Kraft, frisch vorwärts
drum und kehr nicht um!

Lerne ohne Klagen, Leid
und Schmerz ertragen!

Verzeih Dir nichts aber
anderen viel!

Sing, bette und gehe auf
Gottes Wegen, verrichte das
Deine nur getreu und trau
des Höchsten reichem
Segen, so wird er täglich bei
Dir neu; denn wer nur seine
Zuversicht auf Gott setzt,
den verlässt er nicht.

Ein echtes Herz und ein
froher Sinn begleit Dich
jetzt und fürderhin!

Wo Schwalben ihre Nester bauen, dort ist das Glück zu Haus – wo die Liebe wohnt und auch Vertrauen, geht nie der Segen aus.

Edel sei der Mensch,
hilfreich und gut!

Ein Herz voller Sonne, ein
fröhlicher Mut und Liebe für
alle dann geht es Dir gut.

Was Du tust, kann Dir zerrinnen; was Du bist, bleibt ewig Dein!

Drum nicht vieles zu erringen trachten, sondern viel zu sein.

Die Tage des Lebens sie
fließen dahin, wie die
flüchtigen Wellen der Meere
~ es bliebe dem Menschen
gar kein Gewinn, wenn nicht
die Erinnerung wäre!

Schenke so viel Freuden,
alle Tage, als Dein Körblein
fassen mag!

Rings herum in der Natur,
siehst Du des großen
Gottes Spur. Doch willst
Du ihn am größten Sehen,
so bleib bei seinem Kreuze
stehen!

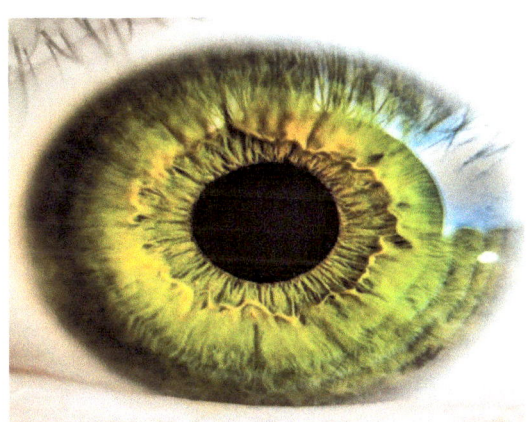

Bleib immer treu und rein,

dann ist im Herzen

Sonnenschein!

Schicke nicht ins Leben
spähend Deine Blicke, das
Glück erwartend mit der
Sehnsucht Pein!

Bau Dir mit eigener Hand
die Brücke zum Glück, so
wirst Du glücklich sein.

Nichts soll Dich ängstigen,
nichts soll dich erschrecken!

Alles geht vorbei – Gott
bleibt derselbe. Geduld
erreicht alles. Wer Gott
besitzt, dem kann nichts
fehlen – Gott allein genügt!

Lerne rechtschaffend sein!

Lerne niemanden scheuen!

Lerne froh zu sein!

Lerne Leidende erfreuen
und den Pilgerpfad mit
Rosen zu bestreuen.

Liebe – so wird kein Tag,
den Du verlebt dich reuen.

Und wenn uns viele Meilen trennen, bin ich froh, dass wir uns kennen. Du gehörst zu den Menschen, die man nie vergisst.
Weil Du was besonders bist.

Markus Wöhrer – Journalist und Schriftsteller

Geb. am 1.10.1973

Dieses Buch ist meiner lieben
Mama, Waltraud Wöhrer,
gewidmet.

Geb. am 1.4.1943

„Viel Spaß mit Deinem eigenen
Buch liebe Mama!"

Meine Mama im Jahre 1958 -

in ihrer Lehrzeit (abgebildet auf der

linken Seite)

Bildquellen:

Pixabay:

Seite 9,12,13,14,15,16,17,18,19,20,21,22,23,24,

25, 26,27,28,29,31,32,33,34,35,36,37,38,39,40,

41, 42,43,44,45,46,47,48,49,50,51,52,53,54,55,

56, 57,58

Pixabay.com ist eine internationale Bilddatenbank für gemeinfreie Fotos, Illustrationen, Vektorgrafiken und Videos. Die Bilder sind frei zur kommerziellen Nutzung. Kein Bildnachweis nötig.

Markus Wöhrer:

Seite 61,63,65, Buchcover Vorderseite